BEI GRIN MACHT SICH IHR WISSEN BEZAHLT

- Wir veröffentlichen Ihre Hausarbeit, Bachelor- und Masterarbeit

- Ihr eigenes eBook und Buch - weltweit in allen wichtigen Shops

- Verdienen Sie an jedem Verkauf

Jetzt bei www.GRIN.com hochladen und kostenlos publizieren

Bibliografische Information der Deutschen Nationalbibliothek:

Die Deutsche Bibliothek verzeichnet diese Publikation in der Deutschen National-
bibliografie; detaillierte bibliografische Daten sind im Internet über http://dnb.d-
nb.de/ abrufbar.

Impressum:

Copyright © 2017 GRIN Verlag, Open Publishing GmbH
Druck und Bindung: Books on Demand GmbH, Norderstedt Germany
ISBN: 9783668619722

Dieses Buch bei GRIN:

https://www.grin.com/document/388055

Lara Ehrlichmann

Parentifizierung bei Kindern psychisch kranker Eltern

Lebenssituation und Auswirkungen

GRIN Verlag

GRIN - Your knowledge has value

Der GRIN Verlag publiziert seit 1998 wissenschaftliche Arbeiten von Studenten, Hochschullehrern und anderen Akademikern als eBook und gedrucktes Buch. Die Verlagswebsite www.grin.com ist die ideale Plattform zur Veröffentlichung von Hausarbeiten, Abschlussarbeiten, wissenschaftlichen Aufsätzen, Dissertationen und Fachbüchern.

Besuchen Sie uns im Internet:

http://www.grin.com/

http://www.facebook.com/grincom

http://www.twitter.com/grin_com

Hochschule Magdeburg-Stendal

Studiengang: Rehabilitationspsychologie

Seminar: Kinderschutz

Hausarbeit

Parentifizierung bei Kindern psychisch kranker Eltern

Lebenssituation und Auswirkungen

Vorgelegt von:

Lara Ehrlichmann, 31.08.17

Inhaltsverzeichnis

1. Vorwort 3

2. Einführung in das Thema 4

   2.1 Psychische Störungsbilder 4

   2.2 Problematische Lebenssituation und Belastungen der Kinder 7

3. Parentifizierung 9

   3.1 Definition und Symptome 9

   3.2 Folgen für die betroffenen Kinder 11

   3.3 Mögliche Hilfen 14

      3.3.1 Patenschaften für Kinder psychisch kranker Eltern 15

4. Fazit und Ausblick 17

5. Literaturverzeichnis 18

1. Vorwort

Im Rahmen eines Praktikums in einer integrativen Kindertagesstätte in der vorwiegend behinderte und psychisch kranke Kinder betreut wurden, wurde bereits mein Interesse für die Situation und Behandlung von psychisch kranken Kindern geweckt. Als ich erfuhr, dass die Kinder, die in die Psychiatrie oder Tagesklinik eingewiesen und dort behandelt werden, teilweise sogenannte Indexpatienten sind, d.h. dass das Kind Probleme hat, die Ursachen dafür aber in der Familie liegen, verstärkte sich mein Interesse an dem Thema Kinder psychisch kranker Eltern. Ich habe mich gefragt, welche Auswirkungen die psychische Erkrankung eines Elternteils auf das Kind haben kann und wie das Kind mit der Erkrankung umgeht. Hierbei spielt der Rollentausch zwischen Eltern und Kind eine wichtige Rolle. Als ich in dem Seminar Kinderschutz auf den Fachbegriff für diesen Rollentausch gestoßen bin, wollte ich schließlich meine Hausarbeit darüber schreiben: Parentifizierung.

Die vorliegende Hausarbeit widmet sich den Fragen: Wie ist die allgemeine Situation von Kindern psychisch kranker Eltern? Was bedeutet der Rollentausch für die betroffenen Kinder? Was sind die Folgen der psychischen Erkrankung der Eltern im Allgemeinen und was sind die Folgen der Parentifizierung? Die Schwerpunkte meiner Arbeit liegen daher auf der Beschreibung der problematischen Lebenssituation der Kinder und der Parentifizierung.

Ich werde mich in dieser Arbeit im Rahmen des Seminares *Kinder*schutz stärker auf die Situation der Kinder und die Folgen für die Kinder beziehen und meine Aufmerksamkeit auf das Wohl derer richten, weniger auf die Eltern.

Die Hausarbeit baut hauptsächlich auf wissenschaftlicher Literatur zu den Themen auf. Ich habe mich bemüht, einige Stellen durch Beispiele und Zitate von Betroffenen und von Fachleuten zu veranschaulichen, um einen besseren Einblick in die Lebenswelt der Kinder und die Arbeit mit den Kindern zu erhalten.

Die Arbeit bezieht sich, wie dem Titel zu entnehmen ist, vorwiegend auf die Parentifizierung als Folge einer psychischen/psychiatrischen Erkrankung von entweder einem der beiden Elternteile oder auch beiden Elternteilen. Für das Phänomen Parentifizierung gibt es aber durchaus auch andere Ursachen.

2. Einführung in das Thema

Die Entwicklung von Kindern findet maßgeblich in der Familie statt. Dabei ist die Beziehung zu den Eltern sehr wichtig für eine gesunde Entwicklung des Kindes. Diese Entwicklung kann durch die Zuwendung und die Sicherheit, die von den Eltern vermittelt werden, die Angebote und Anregungen maßgeblich gefördert, aber auch gehemmt werden (Fegert, 2014). Kinder von psychisch kranken Eltern sind häufig mit einer Vielzahl an Belastungen und Beeinträchtigungen konfrontiert. Sie wachsen meistens unter schwierigen Bedingungen auf und leiden unter Ängsten, Loyalitätskonflikten oder Schuld- und Schamgefühlen. Sie übernehmen oft mehr Verantwortung für sich, für die Eltern, für den Haushalt als es dem Alter angemessen wäre. Hieraus entwickelt sich unter Umständen die Parentifizierung auf die ich näher eingehen werde. Das Zusammenleben mit den erkrankten Eltern/dem erkrankten Elternteil stellt für Kinder ein hohes Risikopotenzial für einen ungünstigen Entwicklungsverlauf dar. Die Kinder haben ein deutlich erhöhtes Risiko selbst eine psychische Störung zu entwickeln. Die Auswirkungen auf die Kinder können je nach Art, Ausprägung und Verlauf der elterlichen Störung unterschiedlich sein. „Studien zeigen, dass Kinder, die psychiatrisch und psychotherapeutisch behandelt werden, häufig aus Familien stammen, in denen ein Elternteil oder beide Elternteile psychisch erkrankt sind. Eine Datenerhebung (…) der Universität Marburg (…) ergab, dass in etwa die Hälfte der psychisch kranken Kinder bzw. Jugendlichen bei einem psychisch kranken Elternteil lebt." (Lenz, 2014, S. 17f). Die psychisch kranken Eltern haben meist eine eingeschränkte Erziehungs- und Beziehungskompetenz. Die Grenzen zwischen angemessenem und entwicklungsgefährdendem Verhalten sind fließend. Hierunter fallen Schwierigkeiten das Kind zu trösten, aggressives oder bestrafendes Verhalten dem Kind gegenüber und negativ übergriffiges Verhalten, wie z.B. das Nachäffen der Kinder (Fegert, 2014). Psychische Erkrankungen stellen leider heute noch teilweise ein Tabuthema dar. Während bei körperlichen Erkrankungen die Öffentlichkeit mit Mitleid reagiert und Unterstützung anbietet, wird das Verhalten von psychisch Kranken als störend empfunden und es wird die Meinung vertreten, dass der Betroffene sich nur zusammenreißen müsse. Man begegnet ihnen mit Angst, Ausgrenzung und distanziertem Verhalten. Über die Erkrankung wird nach außen hin nicht gesprochen oder sie wird gar nicht erst diagnostiziert, weil Betroffene sich weigern zum Arzt oder in Behandlung zu gehen. Wenn das der Fall ist fehlt, den Kindern erst recht Unterstützung von außen und sie leiden noch stärker unter der Situation als Kinder, die selbst in Behandlung oder psychologischer Betreuung sind bzw. deren Eltern in Behandlung sind. Des Weiteren wenden sich betroffene Familien meist erst an Fachkräfte, wenn es schon fast zu spät ist (Brunck, 2003).

2.1 Psychische Störungsbilder

Um nachvollziehen zu können, wie das Zusammenleben mit einem psychisch kranken Elternteil aussehen kann, werde ich im Folgenden einen Überblick über die häufigsten psychischen Störungsbilder geben.

Schizophrene Störungen

Die Schizophrenie ist durch eine Störung des Denkens, des Fühlens und der Wahrnehmung gekennzeichnet. Es gibt vielfältige Erscheinungsformen: sie kann leicht, schwer, akut, traumatisch oder schleichend sein. Zum zentralen Syndrom gehört das Erlebnis der Eingebung von Gedanken und Stimmen. Die Betroffenen suchen nach rationalen Erklärungen für ihre Empfindungen. Sie sind davon überzeugt, dass sie real sind, für Außenstehende werden sie als Wahnvorstellungen angesehen (Brunk, 2003). In dem Psychologiebuch von Zimbardo und Gerrig wird die Erkrankung wie folgt dargestellt:

„Für viele der Betroffenen ist diese Krankheit eine lebenslange Strafe ohne Hoffnung auf Bewährung. Sie harren aus in einem einsamen Gefängnis, geschaffen durch einen Geist (...). Obwohl Schizophrenie relativ selten vorkommt – etwa 0,7 Prozent der US-amerikanischen Erwachsenen litten im Verlauf ihres Lebens an Schizophrenie (...) –, bezieht sich diese Prozentzahl auf etwa zwei Millionen Menschen, die an dieser rätselhaften und tragischen psychischen Störung leiden. (Gerrig, 2008, S.580). "

Die Kinder von schizophrenen Eltern erkranken als Erwachsene mit höherer Wahrscheinlichkeit selbst an einer Schizophrenie. Die Erkrankung beeinträchtigt die Fähigkeit, eine enge und reziproke Beziehung aufrechtzuerhalten. Sie stellt somit eine ungünstige Voraussetzung für die Entwicklung einer guten Eltern-Kind-Beziehung dar. Für die betroffenen Kinder ist es besonders belastend, wenn sie in die Wahnvorstellungen der Eltern mit einbezogen werden (Fegert, 2014). „Ältere Kinder müssen ihren Eltern in manchen Fällen z.B. auch bestätigen, dass sie nicht von einem Auto verfolgt werden oder Ähnliches. Sie korrigieren die gestörte Wahrnehmung ihrer Eltern, obwohl diese eigentlich die Wahrnehmungen und Empfindungen ihrer Kinder berichtigen müssten" (Brunk, 2003, S. 25).

Depression

„Die Depression wurde einmal als die ‚gewöhnliche Erkältung der Psychopathologie' bezeichnet, weil sie einerseits sehr häufig auftritt und andererseits beinahe jeder im Verlauf seines Lebens einmal an einzelnen Symptomen der Störung leidet" (Gerrig, 2008, S. 565). Eine Depression verläuft meist in Phasen die wenige Tage, mehrere Monate oder auch Jahre dauern können. Kennzeichen können Verstimmung, Trauer, Niedergeschlagenheit, Antriebsschwäche und Konzentrationsstörungen sein. Die Erkrankten fühlen sich mit alltäglichen Aufgaben und Anforderungen überfordert (Brunk, 2003). Für die Kinder depressiv Erkrankter besteht ein hohes Erkrankungsrisiko für psychische Erkrankungen und für Entwicklungsstörungen. Erste Anzeichen für abweichende Entwicklungen können bereits in der frühen Kindheit beobachtet werden. Kleinkinder zeigen z. B. einen eingeschränkten Affektausdruck mit erhöhter Irritabilität und weniger Engagement in sozialen Beziehungen, als Kinder von nicht depressiven Eltern. Außerdem treten bei den Kindern im Vergleich zu Kontrollgruppen häufiger mehrere Störungen gleichzeitig auf. Zu den Störungen zählen neben den depressiven Störungen z. B. Angststörungen, Störungen im Sozialverhalten und Suchtstörungen. Diese bleiben oftmals bestehen, auch wenn sich die Erkrankung der Eltern und die familiäre Situation bereits gebessert haben (Lenz,

2014). Das folgende Zitat eines betroffenen Kindes verdeutlicht die emotionale Situation und Belastung der Kinder depressiver Eltern:

> *„Ich war der stille Beobachter, sah meine Mutter, wie es ihr schlecht ging. (…) Meine Mutter schien in sich gekehrt, ihr Gesicht war traurig (…) sie wirkte (…) gefangen und kraftlos. (…) In solchen ‚schlechten' Zeiten, wie ich sie damals nannte, schien ich für meine Mutter Luft geworden zu sein. Sie gab mir das Gefühl, mich nur begrenzt wahrzunehmen und unwichtig zu sein." (Bathe, 2011, S. 39)*

Die Kinder versuchen sich mit der Situation abzufinden und müssen die Verantwortung übernehmen zu der der erkrankte Elternteil nicht mehr in der Lage ist. Sie erleben einen Mangel an Zuwendung, Liebe, Betreuung, Schutz und Aufmerksamkeit und müssen sich meist allein um sich selbst und den Haushalt kümmern. Eine besondere Belastung ist auch ein drohender Selbstmord oder die Ankündigung dessen dem Kind gegenüber (Brunk, 2003).

Angststörungen

Angststörungen können in drei Arten eingeteilt werden. Die phobischen Störungen beziehen sich auf Ängste vor konkreten Dingen oder Situationen. Panikstörungen sind durch wiederholt schwere Angst- und Panikzustände ohne spezifischen Auslöser gekennzeichnet. Eine generalisierte Angststörung dagegen wird diagnostiziert, wenn eine Person über mindestens sechs Monaten hinweg ein andauerndes Gefühl der Ängstlichkeit und der Besorgtheit erlebt. Die Ängstlichkeit konzentriert sich meistens auf bestimmte Lebensumstände, wie z. B. den Gesundheitszustand einer geliebten Person. Die Symptome variieren stark zwischen den Erkrankten. Die generalisierte Angststörung führt zu einer Beeinträchtigung im Alltag bzw. in der Alltagsbewältigung, da die Ängste nicht kontrolliert oder beiseite geschoben werden können. Die Aufmerksamkeit des Erkrankten richtet sich auf die Quellen ihrer Angst, daher ist man meist nicht mehr dazu in der Lage, sozialen oder beruflichen Verpflichtungen nachzukommen. Des Weiteren können psychosomatische/ körperliche Symptome hinzukommen, die zusätzlich belasten (Gerrig, 2008). Die Kinder von Eltern mit Angststörungen erfahren häufig ein überkontrollierendes und überbehütendes Elternverhalten. Sie zeigen ein hohes Maß an ängstlichem und gehemmtem Verhalten (Fegert, 2014).

Persönlichkeitsstörungen

Die Kinder von Eltern die an einer Persönlichkeitsstörung leiden, zeigen im Vergleich zu Eltern mit anderen psychischen Erkrankungen die ungünstigsten Entwicklungsmerkmale. Die höchste klinische Relevanz hat hierbei die Borderline-Persönlichkeitsstörung. Die Mutter-Kind-Interaktion ist gekennzeichnet durch stark wechselnde Emotionen und einem zwiespältigen Umgang mit Nähe. Die Kinder reagieren irritiert, beunruhigt und wachsam (Fegert, 2014). „Menschen mit Borderline-Persönlichkeitsstörung erleben in (…) Beziehungen große Instabilität und Intensität. Diese Schwierigkeiten entstehen teilweise aus Problemen mit der Kontrolle von Wut. (…) Außerdem zeigen sie (…) Impulsivität in ihrem Verhalten – besonders bei Verhalten, das zur Selbstschädigung führen kann, wie Drogenmissbrauch oder Suizidversuche" (Gerrig, 2008, S. 573).

2.2 Problematische Lebenssituation und Belastungen der Kinder

Die Kinder sind durch die Erkrankung eines Elternteils tiefgreifend betroffen und leben oft unter extremen Belastungen. Das Schema (Abb. 1) zeigt die wichtigsten Belastungsaspekte der Kinder im Überblick. Die Kinder werden oftmals mit ihren Ängsten und mit der Überforderung durch die Krankheitssymptome der Eltern alleingelassen, weil sie z. B. aufgrund der immer noch vorhandenen Tabuisierung psychischer Krankheiten nicht selber darüber sprechen und auch nicht von außen angesprochen werden (Brunk, 2003).

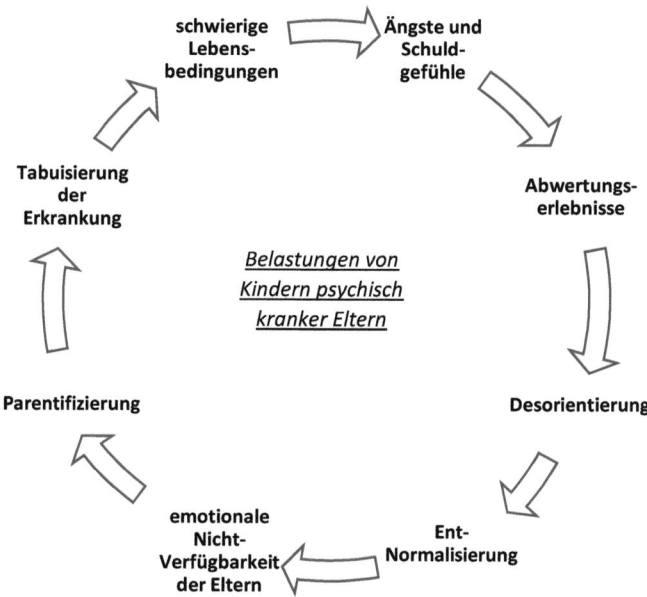

Abbildung 1: Belastungen von Kindern psychisch kranker Eltern (nach Brunk, 2003 und Brockmann, 2016)

In den meisten Fällen erhalten die Kinder wenig Unterstützung durch Ärzte, Therapeuten oder Mitarbeitern des Jugendamtes. Dies liegt u. a. daran, dass Fachleuten die den erkrankten Elternteil behandeln, meist nur auf ihre Patienten achten und weniger auf deren Kinder. Außerdem gehen die Kinder nur in sehr seltenen Fällen selber zu einem Arzt oder zum Jugendamt. Insgesamt ist die Lebenssituation der Kinder durch eine Reihe von Problemen geprägt. Unmittelbare Probleme, die sich direkt aus dem Erleben der Krankheit herleiten, sind z. B. Desorientierung, Schuldgefühle und Isolation. Durch die veränderte familiäre und soziale Situation treten Folgeprobleme auf wie z. B.

Betreuungsdefizite, Parentifizierung und Abwertungserlebnisse. Die Probleme und Belastungen bedingen und verstärken sich gegenseitig (Brunk, 2003 & Lenz, 2014). Im Folgenden werde ich auf einige Belastungen näher eingehen.

Zu den schwierigen Lebensbedingungen gehören Armut, Arbeitslosigkeit, Scheidung, problematische Wohnverhältnisse und evtl. hohe Behandlungskosten. Diese fungieren als zusätzliche Belastungen für die Kinder und können u. a. die emotionalen Probleme noch verstärken. Die emotionale Nicht-Verfügbarkeit des erkrankten Elternteils beinhaltet eine emotionale Ablehnung des Kindes durch den Erkrankten z. B. in Form von Beleidigungen und Beschuldigungen. Hierbei sind auch die Schuldgefühle und Abwertungserlebnisse des Kindes zu erwähnen. Viele Kinder fühlen sich für die Erkrankung verantwortlich. Sie glauben, sie haben etwas Falsches gemacht, und daher verhalten sich ihre Eltern so. Außerdem müssen die Kinder auch lernen, mit Abwertungserlebnissen umzugehen. Zum einen durch die Eltern selbst und zum anderen durch Außenstehende. Die Kinder fühlen sich vernachlässigt, ungerecht behandelt, abgewertet und bemühen sich die Anerkennung zurück zu bekommen. Es kann zu Störungen der Kommunikation zwischen Eltern und Kind kommen. Wenn es den Kindern gelingt über ihre Gefühle zu reden, dann reagieren die Eltern meist sehr negativ mit Vorwürfen und Drohungen. Das Kind lernt eigene Gefühle zu unterdrücken und zu verschweigen. Zu der Ent-Normalisierung des familiären Alltags gehören z. B. die Umstrukturierung des Alltags, ein Abbruch von Kontakten und Hobbys seitens des Kindes und die Verschiebung der Aufmerksamkeit auf die erkrankte Person (Brockmann, 2016). Desorientierung und Verunsicherung stellen ein weiteres Problem dar. Die Kinder verstehen das elterliche Verhalten oft nicht. Das Kind kann sich unter Umständen nicht mehr auf eine Bestätigung der eigenen Wahrnehmung durch die Eltern verlassen. Die Kinder können ihre Eltern teilweise nicht mehr einschätzen, durch unberechenbare Schwankungen zwischen Anhänglichkeit und Zurückweisung, Verwöhnung und Beschimpfen. Die Desorientierung kann u.a. durch einen unvernünftigen Umgang des erkrankten Elternteils mit Zeit, Geld und Ernährung verstärkt werden (Brunk, 2003).

Ein weiteres großes Problem ist die Tabuisierung. Bei anderen Erkrankungen der Eltern wie Krebs etc., leidet die Umwelt mit den Kindern mit. Ihnen wird in diesen Fällen mit Verständnis und Empathie begegnet. Dagegen gelten seelische Erkrankungen heute immer noch als Stigma. Des Weiteren nehmen sich psychisch erkrankte Menschen manchmal selbst nicht als krank wahr. Sie sehen sich als „Opfer von Verschwörungen" oder als „gesunde Person in einer kranken Umwelt". Durch die Verleugnungstendenz des erkrankten Elternteils kann sich die Situation immer mehr verschlimmern. Wenn der Erkrankte keine Hilfe von Fachleuten in Anspruch nimmt, können sich die Symptome verstärken und das Zusammenleben wird immer problematischer. Häufig befürchten die Erkrankten auch, dass ihr Ansehen durch die Behandlungsaufnahme bei einem Psychiater Schaden erleiden wird und bestreiten aus diesem Grund, dass sie Hilfe benötigen. Die Tabuisierung kann innerhalb der Familie aber auch nach außen hin erfolgen. Oft besteht in den Familien ein Kommunikationsverbot. Die Kinder können mit niemandem über die Erkrankung reden, weil sie das Gefühl haben ihre Eltern zu verraten. Weitere Problemfelder sind Betreuungsdefizite der Eltern und die Ängste der Kinder. „Die eigenen Bedürfnisse der Kinder treten in den Hintergrund und es mangelt ihnen an Unterstützung. Anstatt von den Eltern alltagspraktische Hilfen zu bekommen, wie Essen und Hausaufgabenhilfe, müssen sie im Haushalt mithelfen." (Brunk, 2003, S.39) Außerdem sind die Kinder einer Reihe von Ängsten ausgesetzt. „Oftmals haben die Kinder Angst um ihre Eltern. (…) Die Ängste um die Eltern können traumatisierend für die Kinder sein und führen oft zu Schuldgefühlen und verstärkter Verantwortungsübernahme." (Brunk, 2003, S.43). Die Kinder haben außerdem oft Angst selber zu erkranken oder selber so zu werden wie die Eltern (Brockmann, 2016 & Brunk, 2003).

3. Parentifizierung

Die im ersten Teil der Arbeit dargestellten Erkrankungen können zu einer Parentifizierung zwischen Eltern und Kind führen. Die Kinder haben sehr oft das Gefühl, für die Eltern und die Familie verantwortlich zu sein und übernehmen teilweise elterliche Funktionen. Dieses Thema werde ich im Folgenden näher ausführen.

3.1 Definition und Symptome

Der Begriff Parentifizierung wurde erstmals vor fast 45 Jahren von Boszormenyi-Nagy und Spark als „subjektive Verzerrung einer Beziehung" definiert. Die Verzerrung beinhaltet, dass entweder das Kind oder der Partner einen Elternteil darstellen. Der Begriff leitet sich aus den zwei lateinischen Wörtern parentes (Eltern) und facere (machen) ab (Hausser, 2012). Boszormenyi-Nagy und Spark betrachten Parentifizierung als Ungleichgewicht des gegenseitigen Gebens und Nehmens, wodurch die Grenzen zwischen den familiären Subsystemen diffus werden und das System Familie durcheinander gerät (Lenz, 2014). Noch vor Boszormenyi-Nagy und Spark wurde diese Erscheinung unter anderem bereits von Schmideberg (1948) als ein Phänomen, bei dem Eltern sich von ihrem Kind elterliche Fürsorge und Anteilnahme erhoffen, beschrieben (Blum, 2011). In dieser Hauarbeit liegt der Fokus auf der Verschiebung der Verantwortung und der Übernahme der Elternrolle durch die Kinder.

Durch die Übernahme der Verantwortung für das emotionale Wohlbefinden der Eltern verkehren sich die traditionellen Eltern-Kind-Rollen (Graf, 2001). Die erkrankten Eltern klammern sich an ihre Kinder, anstatt für sie eine Stütze zu sein. Die Kinder fühlen sich verantwortlich für die Eltern und stellen eigene Bedürfnisse zurück oder verleugnen diese. Die Eltern fordern von ihren Kindern alters- und entwicklungsinadäquate Aufgaben. Die Kinder merken, dass sie diesen Anforderungen nicht gerecht werden können. Die Verzweiflung und eventuelle Abgrenzungsversuche erschweren eine positive Beziehung zum erkrankten Elternteil (Brockmann, 2016). Heranwachsende Kinder übernehmen stärker die Rolle des Ersatzpartners für den erkrankten Elternteil. Durch die Rollenumkehr entfällt für sie oftmals eine wichtige elterliche Identifikationsfigur in der Familie. Diese Figur und Elternrolle vermissen betroffene Kinder sehr. Sie reagieren irritiert auf das elterliche Verhalten und müssen stark bleiben wenn z.B. die eigene Mutter vor einem weint. Dies zeigt auch das folgende Zitat einer siebzehnjährigen:

> *„Dann denkst du ja auch irgendwie du kannst nicht zu ihr gehen und mit ihr über Probleme reden, weil die die wird dann dazu nichts sagen können. Deswegen, da habe ich auch schon irgendwie was so verloren, so ein Stückchen. Sie müsste normalerweise die Stärkere sein" (Lenz, 2014, S. 98).*

Im familiären Alltag wird die Parentifizierung u. a. dadurch sichtbar, dass die Kinder zusätzlich zum Haushalt auch Verantwortung für finanzielle Angelegenheiten, evtl. Erziehung jüngerer Geschwister und Strukturierung des Tagesablaufes übernehmen. Der Prozess der Parentifizierung ist bis zu einem gewissen Grad auch normal. Er entspricht dem sozialen Bedürfnis nach Anerkennung und Lob. Die Rollenumkehr kann sich auch positiv auf die Entwicklung des Kindes auswirken. Sie werden selbstständiger und vernünftiger. Die klinische Praxis zeigt, dass Verantwortungsübernahme einen positiven Einfluss auf das Selbstwertgefühl der Kinder nehmen kann. Sie lernen wichtige soziale Fertigkeiten wie Fürsorglichkeit und Empathie. Voraussetzung für die positiven Folgen und die Stärke der Kinder ist aber, dass sie von der Rolle nicht vollständig eingenommen werden und noch genügend Raum für eigene Bedürfnisse bleibt. Des Weiteren kommt es auf das Alter und die Fähigkeiten des Kindes an. Wenn sich die Parentifizierung jedoch so verfestigt, dass eine Entlassung der Kinder in ein eigenes Leben nicht möglich ist, dann zeigen sich pathologische Auswirkungen auf die Kinder (Lenz, 2014). Parentifizierte Kinder versuchen den elterlichen Erwartungen immer gerecht zu werden. Sie sind zuvorkommend, höflich und haben eine gewisse Pseudoreife (Blum, 2011).

> *„Ich richtete meine gesamte Energie auf das ‚Für-die-Familie-Dasein', das ‚Helfen-Wollen'. Das Prinzip, nicht auf mich, sondern auf andere zu schauen, erweiterte ich auch auf meinen Freundeskreis und meine Studiumswahl (Sonderpädagogik)." „Ich krieg´ solche Regungen, dass ich sie am liebsten erziehen möchte, wenn sie wieder Unsinn macht oder sagt." (Brunk, 2003, S.41)*

Die Parentifizierung kann, wie bereits ersichtlich wurde, in unterschiedlichen Formen auftreten. Eine mögliche Einteilung des Phänomens wird in Abbildung 2 dargestellt. Das Kind kann für den erkrankten Elternteil entweder emotionale oder instrumentelle Unterstützung sein, einen Partnerersatz darstellen oder zwischen den Partnern vermitteln. Es können auch mehrere Formen gleichzeitig bestehen.

Die emotionale Parentifizierung bezieht sich auf die emotionale Fürsorge. Sie beschreibt, dass Eltern vom Kind in unangemessener Weise Liebe und Zuneigung fordern, sie als Friedensstifter fungieren lassen oder sie in ihre persönlichen Probleme altersinadäquat einbeziehen. Grundsätzlich gilt sie als die destruktivere Form, da sie die kindlichen emotionalen Grenzen überschreitet (Hausser, 2012). Graf und Frank sprechen in diesem Zusammenhang auch von Parentifizierung als Form der emotionalen Misshandlung. Hier wird betont, dass Parentifizierung in ihrer destruktiven Form häufig sowohl emotionale Misshandlung als auch emotionale Vernachlässigung beinhaltet. Diese Bezeichnung trifft vor allem bei elterlichem Verhalten zu, welches zum Beispiel Erniedrigungen, Gewaltandrohungen, Einsperren und Zurückweisen des Kindes beinhaltet (Graf, 2001).

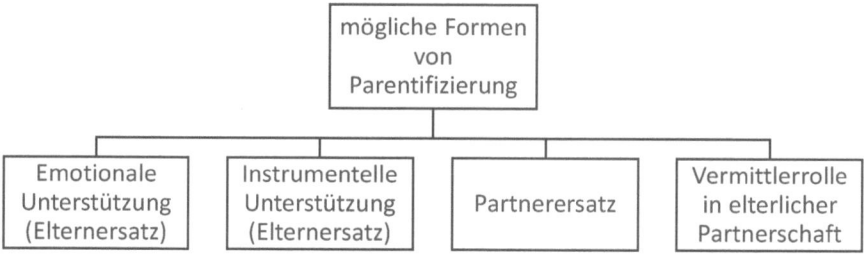

Abbildung 2: Mögliche Formen von Parentifizierung nach Lenz, 2014

Die instrumentelle Parentifizierung hingegen beinhaltet u. a. die Pflege von Familienangehörigen, Kochen, Einkaufen und Putzen oder Haushaltsfinanzplanung. Sie bezieht sich also auf funktionale Aufgaben, welche das Kind übernimmt (Hausser, 2012). Vor allem durch psychische Erkrankungen der Eltern oder eines Elternteils wird die emotionale und oft auch instrumentelle Hilfe notwendig. Es kann durchaus vorkommen das ein Kind den erkrankten Elternteil sowohl emotional und instrumentell unterstützt als auch vermittelt zwischen den Elternteilen oder Partnerersatz für einen Elternteil darstellt. Das parentifizierte Kind wächst somit, zusätzlich zu der Schwierigkeit der psychischen Erkrankung an sich und dessen Folgen, noch unter sehr schweren und überfordernden Verhältnissen auf.

Die genannten Formen der Rollenumkehr sind in der Mehrzahl der Familien mit psychisch kranken Eltern zu beobachten. Neben den psychischen Erkrankungen der Eltern können weitere mögliche Ursachen von Parentifizierung partnerschaftliche Probleme und Scheidungen, Tod des Partners, die Pflege von behinderten oder kranken Geschwistern, eigene Parentifizierungserfahrungen und chronische Erkrankungen der Eltern, sein (Lenz, 2014).

3.2 Folgen für die betroffenen Kinder

Im folgenden Teil der Hausarbeit werde ich auf die Folgen der Parentifizierung näher eingehen. Dabei werde ich mich anfangs auf die Kindheit beziehen und im späteren Verlauf auf die Langzeitfolgen. Die Auswirkungen die in der Arbeit beschrieben werden, beziehen sich größtenteils auf das betroffene Kind. Allerdings hat die Parentifizierung auch Auswirkung auf das betroffene Familiensystem als Ganzes. Das pathologische Ausmaß von Parentifizierung lässt sich bis heute nicht klar abschätzen. Anfangs stand der destruktive Anteil der Parentifizierung stärker im wissenschaftlichen Fokus, aber aktuell verweisen aktuellere Studien auch darauf, dass Parentifizierung bei Kindern auch zur erhöhten Resilienz führen kann (Hausser, 2012). Der Literatur über Parentifizierung ist also zu entnehmen, dass der Rollenwechsel zwischen Eltern und Kind sowohl positive als auch negative Folgen haben kann. Hierbei überwiegen bei einer Parentifizierung über einen längeren Zeitraum eher die negativen Folgen. In jedem Fall stellt sie einen Belastungsfaktor für die Entwicklung des Kindes dar, welcher das Risiko für psychische Störungen bedeutsam erhöhen kann. Positive Folgen, wie z. B. ein starkes Selbstvertrauen, können dann auftreten, wenn die Übernahme der elterlichen Rolle durch das Kind im Rahmen des gegenseitigen Gebens und Nehmens etwa durch Anerkennung und Lob honoriert und kindliche Bedürfnisse berücksichtigt werden. Eine „gesunde" Form der Parentifizierung liegt vor, wenn die Kinder von ihrer Rolle nicht vollständig eingenommen werden, sie von anderen unterstützt und ihre Bemühungen gewürdigt werden. Die Kinder lernen u. a. mit extremen Situationen umzugehen und empfinden alltägliche Krisen oft als Kleinigkeiten. Eine hohe Selbständigkeit und ein großes Verantwortungsgefühl, Zuverlässigkeit und Einfühlungsvermögen sind bei vielen der Kinder zu erkennen (Hausser, 2012). Wenn hingegen das Kind auf Kosten seiner eigenen Sicherheits- und Abhängigkeitsbedürfnisse in die Erwachsenenrolle gedrängt wird, kann die gesunde Entwicklung beeinträchtigt werden und das Kind beginnt aufgrund der fehlenden Reziprozität und Überforderung seine Bedürfnisse denen der Eltern unterzuordnen und eigene Bedürfnisse zu ignorieren. Die Anerkennung für die Hilfen des Kindes und die gegenseitige Unterstützung sind für einen psychisch kranken Menschen nur schwer oder gar nicht umsetzbar. Die Eltern weisen dem Kind eine nicht kindgerechte Rolle zu, die die Generationengrenze überschreitet. Es lernt und zeigt Verhaltensweisen wie Überverantwortlichkeit und Fürsorge. Im Vergleich zu den anderen Formen ist die emotionale Parentifizierung am Schädlichsten für die kindliche Entwicklung, da sie u. a. Loyalitätskonflikte und Probleme bei der Abgrenzung zur Folge hat und somit für das Kind deutlich belastend und entwicklungsschädlich ist (Lenz, 2014). Der Rollenwechsel kann für die Kinder einen Verlust an kindlicher Sorglosigkeit, Spontanität und Lebhaftigkeit bedeuten. Durch die Belastungen und die Überforderung wirken die betroffenen Kinder oft depressiv, ernst, pseudoführeif und überverantwortlich. Außerdem leiden sie häufig unter Schuldgefühlen und Versagensängsten. Die Folge können emotionale Störungen und Verhaltensauffälligkeiten sein. Parentifizierte Kinder haben oftmals soziale Ängste, Kontakt- und Leistungsprobleme (Lenz, 2014). Oft verzichten sie freiwillig auf soziale Beziehungen zu Gleichaltrigen aus Loyalität den Eltern gegenüber. Der emotionale Druck kann sich in Übervorsichtigkeit und Mangel an emotionaler Ansprechbarkeit zeigen (Blum, 2011). Andere entwickeln wiederum ein zwanghaftes Erfolgs- und Perfektionsstreben und entwickeln dabei teilweise ein selbstzerstörerisches und aufopferndes Selbst (Lenz, 2014). Durch die Anforderungen lernen die Kinder nicht ihr eigenes Ich zu entwickeln (Blum, 2011). Es kann zu Identitätsproblemen kommen die sich bis ins Erwachsenenalter hineinziehen.

Die Langzeitfolgen der Parentifizierung sind von Kind zu Kind sehr unterschiedlich. Oft fällt es den Kindern später schwer, sich auf jemanden zu verlassen und Vertrauen aufzubauen. Es ist für parentifizierte Kinder schwer eigene Lebensziele zu entwickeln und sich auf sich selbst zu verlassen.

Sie können Zukunftsängste und Minderwertigkeitsgefühle entwickeln. Betroffene Kinder können im Jugend- und Erwachsenenalter unter Depressionen, einem geringen Selbstwertgefühl, Ablösungs- und Identitätsproblemen und teilweise auch suizidalem Verhalten leiden (Lenz, 2014). Verhaltensmuster und Angewohnheiten aus der Kindheit bleiben oft noch im Erwachsenenalter bestehen. Die Betroffenen bleiben in ihren Rollen, fühlen sich verantwortlich für die Probleme ihrer Mitmenschen und versuchen, diese zu lösen. Beziehungen zu Freunden und zum Partner können den Charakter einer „Therapeut-Klienten-Beziehung" haben. Sie haben gelernt, ihre Bedürfnisse unter die Anderer zu stellen. Oft haben sie Schwierigkeiten, anderen Menschen persönliche Grenzen zu setzen. Manche entwickeln anderen Personen gegenüber eine gewisse Schonhaltung, da sie das Gefühl haben, ihre Mitmenschen nicht mit ihren Problemen belasten zu können. Des Weiteren wählen parentifizierte Menschen oft einen Beruf, in dem die Rolle fortgeführt wird und in dem die Fürsorge weiter ausgelebt werden kann (Blum, 2011). Dieses teilweise zwanghafte Fürsorgeverhalten kann Auswirkungen auf die Erziehung eigener Kinder haben. Die als Kind erlebte Sehnsucht nach Liebe und Fürsorge bleibt im Erwachsenenalter bestehen und wird oft in Form von Überbehütung und Verwöhnung an die eigenen Kinder herangetragen (Graf, 2001).

Abschließend möchte ich noch kurz auf eine Studie zu den Folgen von Parentifizierung eingehen. Die Studie *„Emotional Childhood Parentification and Mental Disorders in Adulthood"* von den Autoren Egle, U.; Hardt, J.; Herke, M.; Kappis, B.; Nickel, R. und Schier, K., wurde 2011 in der deutschen Fassung *Parentifizierung in der Kindheit und psychische Störungen im Erwachsenenalter,* veröffentlicht. In dieser Studie wurden mögliche Zusammenhänge zwischen emotionaler Parentifizierung in der Kindheit und psychischen Störungen im Erwachsenalter untersucht. Als theoretische Grundlage wurde sich auf die Bindungstheorie bezogen. Genauer betrachtet wurde der Studie die Überlegung zugrunde gelegt, dass Erwachsene, die als Kinder emotional parentifiziert wurden, möglicherweise wenig Zugang zu entsprechenden Regulationsstrategien ihrer Gefühle haben und daher in besonderem Ausmaße entweder zur Depression oder zur Somatisierung neigen. Als Methode zur Überprüfung möglicher Zusammenhänge wurden 975 Patienten einer psychosomatischen Klinik bzw. bei hausärztlichen Konsultationen gefragt, ob sie an einer Studie zu Kindheitsbelastungen teilnehmen würden. Die Emotionale Parentifizierung wurde als Risikofaktor für die Entwicklung einer Depression und somatoformen Schmerzen im Erwachsenenalter untersucht. Dabei stellte sich heraus, dass emotionale Parentifizierung für beide Diagnosegruppen einen Risikofaktor darstellt. Während das Auftreten von Depressionen eher durch mütterliche Parentifizierung beeinflusst wird, ist bei der Entwicklung von somatoformen Schmerzen auch der väterliche Einfluss relevant. Aus den Ergebnissen lässt sich schlussfolgern, dass die Emotionale Parentifizierung ein wichtiger Risikofaktor für das Auftreten psychischer und somatoformer Beschwerden im Erwachsenenalter darstellt. Des Weiteren gilt dies insbesondere in Verbindung mit weiteren relevanten Risikofaktoren wie wenig Liebe, sexuellem Missbrauch oder dem Aufwachsen ohne Vater (Egle, 2011).

3.3 Mögliche Hilfen

„Das Leid parentifizierter Kinder wird im Alltag aufgrund der Überangepasstheit und scheinbaren Reife oft übersehen; bisweilen zeigen sich die destruktiven[1] Konsequenzen der Parentifizierung erst in problematischen Beziehungen zum Partner oder den eigenen Kindern" (Graf, 2001, S.335). Die Parentifizierung und die schwierige Lebenssituation durch die elterliche Erkrankung erfordert meist professionelle Hilfe und Unterstützung. Vor allem wenn die Kinder, die sich um den erkranken Elternteil kümmern, keine weitere Bezugsperson (wie Großeltern, Partner des Elternteils) haben. Um die Kinder vor den Auswirkungen des Rollenwechsels zu schützen, können präventive Hilfsangebote und Programme Unterstützung bieten. Diese sollen bereits bei dem Verdacht auf eine ungünstige Eltern-Kind-Konstellation angewendet werden. Zum anderen gibt es verschiedene Möglichkeiten dem Kind, das bereits durch die psychische Erkrankung der Eltern/ des Elternteils in die parentifizierte Rolle hineingeraten ist, zu unterstützen und eventuelle Symptome und Verhaltensauffälligkeiten zu behandeln. Zu präventiven Hilfen, die dem betroffenen Kind und dessen Familie helfen können, gehören Aufklärung von Ärzten, Jugendämtern, Sozialarbeitern, Erziehern und anderen Fachleuten, die mit Kindern oder psychisch kranken Menschen zu tun haben. Hierbei wurde in fast allen Büchern zu dem Thema die Wichtigkeit betont, die betreffenden Fachleute zu schulen, ihre Patienten nach Kindern zu fragen und diese in die Behandlung der Eltern mit einzubeziehen. Oft werden nämlich die psychisch kranken Eltern von Ärzten oder Psychologen behandelt ohne dass dabei auf die Kinder eingegangen wird und deren Bedürfnisse und Probleme berücksichtigt werden. Wird von einem Arzt oder Psychologen ein Anamnesegespräch durchgeführt, sollten sich die psychiatrisch Tätigen ein umfassendes Bild von der familiären Situation und Familienkonstellation verschaffen. Durch die Einschätzung der Gefährdungen der Kinder lassen sich passende Hilfen leichter finden. Bei dem Gespräch mit dem Kind ist es wichtig, auf Augenhöhe zu sprechen und das Kind zu ermutigen, zu erzählen was es empfindet oder möchte (Lenz, 2012).

Des Weiteren gibt es verschiedene Programme, die direkt bei der Geburt eines Kindes einer psychisch kranken Mutter ansetzen und versuchen, die junge Mutter in verschiedenen Lebenslagen zu unterstützen um z. B. eine Parentifizierung zu verhindern. Zu solchen „Frühinterventionsprogrammen" zählen Elternkurse, die der Mutter helfen sollen, das Baby zu verstehen und trotz der Erkrankung feinfühlig und richtig auf Signale des Kindes zu reagieren. Wenn eine Parentifizierung durch die elterliche Erkrankung bereits vorliegt, werden u. a. im Rahmen einer psychiatrischen Behandlung des Elternteils verschiedene Mutter-Kind-Behandlungen angeboten. Ziel ist es hierbei, neben der psychiatrisch-psychotherapeutischen Behandlung der erkrankten Mutter, die Mutter-Kind-Beziehung zu stärken und zu fördern (Lenz, 2014). Allgemeine Voraussetzungen für die gezielten und wirksamen Hilfen der betroffenen Familien sind, die schwierige Situation erstmal zu erkennen, die Bereitschaft der Familie, Hilfe anzunehmen und somit das Bewusstsein für die eigene Situation und eine gute Zusammenarbeit

---

[1] Destruktive Form der Parentifizierung: die Parentifizierung die über einen längeren Zeitraum andauert und negative Auswirkungen hat (in vorliegender Hausarbeit wird vorwiegend Bezug auf diese Form genommen)

zwischen den Fachleuten untereinander und der Familie (Brunck, 2003). Außerdem wichtig ist die Erfassung der Belastungen und Gefährdungen seitens der Fachleute, sowie die Erfassung der verfügbaren Ressourcen. Dies kann entscheidende Informationen darüber liefern, was verändert werden soll (Lenz, 2012). Wie bereits deutlich wurde, ist eine Bezugsperson für die Kinder zur Bewältigung der problematischen Lebenssituation sehr wichtig. Eine Hilfe können daher Patenschafsprojekte für die Kinder und deren Familien sein. Dieses Unterstützungsangebot wird im folgenden Kapitel dargestellt.

3.3.1 Patenschaften für Kinder psychisch kranker Eltern

Patenschaften für Kinder psychisch kranker Eltern können sowohl den betroffenen und parentifizierten Kindern, als auch den Eltern und eventuell weiteren Angehörigen helfen, mit der schwierigen Lebenssituation besser umzugehen und Unterstützung bieten. Sie dienen der Förderung des sozialen Netzwerkes, des Zusammenhalts der Familie, der Entlastung der Eltern und der Schaffung eines verlässlichen und dauerhaften Beziehungsangebots für die Kinder (Lenz, 2014). Durch Patenschaftsprojekte kann dem betroffenen Kind eine dauerhafte und verlässliche Unterstützung durch einen gesunden erwachsenen Ansprechpartner außerhalb der Familie zur Seite gestellt werden. In akuten Krisen können die Kinder bei den Paten untergebracht und versorgt werden. Sie bieten Entlastung im Alltag und übernehmen zu bestimmten Zeiten, auch in stabilen Phasen, regelmäßig die Kinderbetreuung (Fegert, 2014). Die Paten stellen für die Eltern einen wichtigen Ansprechpartner bei Problemen der alltäglichen Versorgung und Betreuung der Kinder dar. Grundlage ist die gegenseitige Akzeptanz und Vertrauen unter den Erwachsenen und ein respektvoller Umgang miteinander. Außerdem sind Freiwilligkeit und Aufrechterhaltung der Eltern-Kind-Beziehung Voraussetzung. Die Kinder sollten das Gefühl haben, sich auf die Paten einlassen zu können und die Beziehung ohne Loyalitätskonflikte erleben (Lenz, 2014). Eine weitere wichtige Voraussetzung ist die Krankheitseinsicht des erkrankten Elternteils und die Enttabuisierung. Dies kann durchaus eine Schwierigkeit für dieses Hilfsangebot darstellen, da oft gerade psychisch labile Mütter nicht zugeben wollen wie es um ihren Gesundheitszustand steht und teilweise so stark emotional abhängig von ihren Kindern sind, dass sie befürchten, der Pate oder die Patin würden ihr das Kind „wegnehmen" (Fegert, 2014). Die Beziehung kann für das Kind einen bedeutsamen Schutzfaktor für die Entwicklung darstellen und destruktive Folgen der Parentifizierung verringern. In dem Ent-Normalisierten Familienalltag entlasten die Patenfamilien und vermitteln Orientierung. Die Kinder bekommen die Möglichkeit, Ruhe und Ablenkung von der familiären Überforderung zu erhalten. Hieraus kann sich die Fähigkeit entwickeln, unterdrückte Bedürfnisse wiederzufinden und über sie zu reden, sie zu äußern (Lenz, 2014). Des Weiteren ist räumliche Nähe zur Familie wichtig, um zum einen ein verwandtschaftsähnliches Verhältnis zu entwickeln und zum anderen um bei einer eventuellen Unterbringung des Kindes das gewohnte soziale Umfeld aufrecht zu erhalten. Das Kind kann dann beispielsweise noch immer dieselbe schule besuchen. Die Paten sollten Erfahrungen im Umgang mit Kindern haben und über Fähigkeiten der Selbstreflexion und Kommunikation verfügen. Die Patenschaft erfordert eine fachliche

Vorbereitung sowie kontinuierliche professionelle Begleitung. Außerdem wichtig ist die Vorbereitung der Eltern auf die Patenschaft, um dabei deren Ängste und Gedanken zu besprechen (Lenz, 2014).

Eine 42 jährige alleinerziehende Mutter, die an Depression leidet, berichtet:

> *„Für mich gab es Hilfe. Ich wurde in einer Klinik versorgt (…). Aber wer kümmert sich um meine Kinder, wenn es mir nicht gut geht (…)? Meine Familie wohnt nun weit weg. Ich bin so froh, dass es Sie (das Patenschaftsangebot) gibt und dass ich sie gefunden habe."* *(Fegert, 2014)*

Die Bindung an die Bezugsperson gibt dem Kind emotionale Sicherheit. Besonders für Kinder mit traumatischen Erfahrungen ist es wichtig, dass Paten auf Dauer ansprechbar für die Kinder sind und nicht gewechselt werden. Die Kinder erleben in der Patenfamilie ein berechenbares und konstantes Verhalten sowie Zuwendung und Akzeptanz. Bei jedem Verdacht auf Vernachlässigung oder sonstiger Gefährdungen des Kindeswohls werden die Fachkräfte des jeweiligen Trägers durch die Paten informiert.

4. Fazit und Ausblick

Kinder psychisch kranker Eltern haben selbst ein erhöhtes Risiko für psychische Erkrankungen und Beeinträchtigungen. Hinzu kommen die Überforderung und Einschränkung der Entfaltungsmöglichkeiten durch die Parentifizierung. Einzelne Aspekte der Parentifizierung können konstruktive Elemente für die Kinder darstellen. Die Leistungen der Kinder müssen dabei gewürdigt und beachtet werden. Ist dies nicht der Fall, besteht eine destruktive Form der Parentifizierung, die weitreichende entwicklungsschädigende Folgen haben kann. Parentifizierte Kinder psychisch kranker Eltern benötigen in den meisten Fällen eine regelmäßige Unterstützung durch einen geschulten und erfahrenen Erwachsenen. Sie brauchen eine entscheidende Förderung darin, soziale Kontakte aufzubauen oder zu intensivieren sowie unterstützende Lehrer und/oder Erzieher. Wichtig hierfür ist eine Aufklärung von Menschen die mit Kindern arbeiten, über die Problematik und eine Sensibilisierung für die Bedürfnisse betroffener Kinder. Professionelle Gesprächsangebote mit den Eltern sollten eine vertraute und verständnisvolle Gesprächsbasis beinhalten und der Tabuisierung der elterlichen Erkrankung entgegenwirken. Da viele Kinder niemanden haben, mit dem sie über ihre Probleme und Empfindungen sprechen können, wurde in der Arbeit das Programm der Patenschaft für betroffene Familien vorgestellt. Durch eine Patin oder einen Paten sollen die Kinder eine regelmäßige Unterstützung und Begleitung im Alltag erhalten und Normalität und Orientierung erhalten. Sie dienen der Förderung des sozialen Netzwerkes, des Zusammenhalts der Familie, der Entlastung der Eltern und der Schaffung eines verlässlichen und dauerhaften Beziehungsangebots für die Kinder. Ein Rückblick auf die Ergebnisse der Studie aus Kapitel 3.2 zeigt, dass die festgestellten Zusammenhänge zwischen der Parentifizierung in der Kindheit und Depression im Erwachsenalter neue interessante Perspektiven eröffnen. Während einer klinischen/ psychiatrischen Behandlung von Jugendlichen und Erwachsenen wäre es z. B. sinnvoll, unter den Patienten mit Depression diejenigen, die in der Kindheit parentifiziert wurden, mit einer direkten, auf das kindliche Trauma ausgerichteten Therapie, zu behandeln. Dadurch und durch den verstärkten Fokus auf die Aufklärung über Parentifizierung kann unter Umständen eine generationsübergreifende Weitergabe des schädlichen Verhaltens verhindert werden. Außerdem kann den betroffenen Kindern durch angemessene Hilfsangebote eine gesunde Entwicklung, bei Entfaltung der eigenen Identität und Selbstbewusstsein ermöglicht werden (vgl. Egle, 2011). Während der Bearbeitung dieser Hausarbeit wurde ersichtlich, das Parentifizierung ein Gebiet ist das relativ wenig erforscht, untersucht und berücksichtigt wird. Gerade den parentifizierten Kindern psychisch kranker Eltern sollte mehr Beachtung und Hilfe angeboten werden. Die Erarbeitung der Hausarbeit hat mir verdeutlicht, wie hoch die Belastungen in diesen Familien sind und wie sehr vor allem die Kinder darunter leiden können. Die Unterstützung sollte so früh wie möglich beginnen, um den Kindern den Umgang mit der elterlichen Krankheit zu erleichtern und sie mit der Problematik der Rollenumkehr nicht alleine zu lassen. Als sehr wichtig empfinde ich die Aufklärung über die Parentifizierung und über die Risiken für Kinder psychisch kranker Eltern. Gerade Ärzte und Pädagogen sollten mehr für Symptome und Merkmale der Parentifizierung sensibilisiert werden.

5. Literaturverzeichnis

Bathe, Silke (2011). *Die einzige Vertraute.* In: Mattejat, Fritz & Lisofsky, Beate (Hrsg.), Nicht von schlechten Eltern. Kinder psychisch Kranker (S. 38-42). Balance-Buch-und-Medien-Verlag: Bonn

Blum, Christian (2011). *Parentifizierung. Definition, Symptome, Ursachen, Folgen und Hilfe der sozialen Arbeit. Diebstahl der Kindheit.* Erfurt: Grin.

Brockmann Eva & Lenz Albert (2016). *Schüler mit psychisch kranken Eltern – Auswirkungen und Unterstützungsmöglichkeiten im schulischen Kontext.* Göttingen: Vandenhoeck & Ruprecht GmbH & Co. KG.

Brunk, Mirja (2003). *Kinder psychisch kranker Eltern Problematische Lebenssituationen und präventive Hilfsangebote.* Diplomarbeit FB Sozialpädagogik, Uni Hildesheim 2003

Egle, Ulrich; Hardt, Jochen; Herke, Max; Kappis, Bernd; Nickel, Ralf und Schier, Katarzyna (2011). *Parentifizierung in der Kindheit und psychische Störungen im Erwachsenenalter.* Georg Thieme Verlag KG Stuttgart. Zugriff am 14.06.2017 unter https://www.thieme-connect.com/products/ejournals/html/10.1055/s-0031-1277188

Fegert, Jörg M.; Kölch Michael & Ziegenhein, Ute (2014). *Kinder psychisch kranker Eltern – Herausforderungen für eine interdisziplinäre Kooperation in Betreuung und Versorgung.* Weinheim: Beltz Juventa.

Gerrig, Richard J.; Zimbardo, Phillip (2008). *Psychologie.* Springer, Berlin

Graf, J. & Frank, R. (2001). *Parentifizierung. Die Last, als Kind die eigenen Eltern zu bemuttern.* In S. Walper & R. Pekrun (Hrsg.), Familie und Entwicklung. Aktuelle Perspektiven der Familienpsychologie (S. 314-341). Göttingen: Hogrefe.

Hausser, Agnieszka Aleksandra (2012). *Die Parentifizierung von Kindern bei psychisch kranken und psychisch gesunden Eltern und die psychische Gesundheit der parentifizierten Kinder.* Dissertation der Universität Hamburg. Zugriff am 13.06.2017 unter http://d-nb.info/1045024201/34

Lenz, Albert (2012). *Psychisch kranke Eltern und ihre Kinder.* Psychiatrie Verlag GmbH, Köln

Lenz, Albert (2014). *Kinder psychisch kranker Eltern.* 2., vollständig überarbeitete und erweiterte Auflage. Göttingen: Hogrefe